SingLiesel

MIX
Papier aus verantwortungsvollen Quellen
FSC® C014138

Impressum:

Druck: FINIDR, Czech Republic

Satz und Umschlaggestaltung: Röser MEDIA GmbH & Co. KG, Karlsruhe

Bildnachweise: Shutterstock.com

ISBN 978-3-944360-25-6

2. Auflage

www.singliesel.de

Hinweis:

Alle Übungsvorschläge in diesem Buch sind aus der Praxis heraus entstanden und vielfach erprobt. Bitte vergessen Sie aber nicht, dass jeder Mensch, mit dem Sie als Übungsleiter oder Übungsleiterin Gedächtnistraining machen, seine spezielle Tagesform und seine einzigartige Biografie mitbringt, die Sie dabei vielleicht berücksichtigen müssen. Nicht jede Übung passt für jeden. Die Autorin und der Verlag haften nicht für etwaige Personen- oder Sachschäden.

Natali Mallek

Winter

Gedächtnistraining für jede Jahreszeit

Mit Kopiervorlagen

Inhalt

Einführung

Gedächtnistraining macht Spaß, vertreibt die Zeit und bringt die grauen Zellen in Schwung. Es ist ein schöner Bestandteil der Seniorenarbeit und wird, besonders in Einrichtungen der Altenhilfe, gerne angenommen. In der Praxis fehlt häufig die Zeit, ein Gedächtnistraining vorzubereiten, deswegen haben wir die Praxishefte entwickelt. Ein besonderes Augenmerk haben wir darauf gelegt, dass kein zusätzliches Material benötigt wird.

Das Einzige, was Sie vor dem Einsatz der Übungsstunden in diesen jahreszeitlichen Heften machen müssen, ist, ggf. die Arbeits- und Liedblätter kopieren: Dann kann es losgehen.

Aufbau der Übungsstunden

Am Anfang und am Ende der Übungsstunden finden Sie jeweils ein Element, das zur Entspannung der Teilnehmenden beitragen soll. Ein zum Thema passendes Lied führt in die Übungsstunde hinein, durch Anstimmen wird eingestimmt. Am Ende jeder Stunde werden die Teilnehmer mit einer kleinen Geschichte in den Alltag entlassen.

Die Schwierigkeit der Übungen variiert. Jede Übung kann zusätzlich an die Leistungsfähigkeit der eigenen Gruppe angepasst werden – geeignete Tipps und Anregungen dazu finden Sie in der jeweiligen Übungsbeschreibung.

Zu jeder Übungsstunde gehören zwei Arbeitsblätter. Erfahrungsgemäß haben die Teilnehmer an Gedächtnistrainingsrunden sehr unterschiedliche Ressourcen und Möglichkeiten. Entscheiden Sie selbst, ob die Aufgaben auf den Arbeitsblättern in Einzelarbeit oder gemeinsam gelöst werden. Stellen Sie dabei sicher, dass die Teilnehmenden nicht überfordert werden, vermeiden Sie aber auch eine Unterforderung, soweit es möglich ist.

Auch Bewegung ist ein wichtiger Bestandteil des Gedächtnistrainings. Eine Übung mit kleineren integrierten Bewegungen ist Bestandteil jeder Übungsstunde.

Die Gruppenzusammensetzung

An dieser Stelle würde ich Ihnen gerne empfehlen, das Gedächtnistraining mit sechs leistungsgleichen Teilnehmern durchzuführen. Ich komme allerdings aus der Praxis und bin mir bewusst, dass diese Zusammensetzung eine Utopie ist. Versuchen Sie also, diesem Ideal so nah wie möglich zu kommen, machen Sie sich aber keine allzu großen Sorgen, wenn Sie es nicht schaffen. Sie kennen Ihre Teilnehmer – beobachten Sie sie also bitte genau: Fühlen die Anwesenden sich wohl? Haben die Anwesenden Spaß? Haben die Teilnehmer Erfolgserlebnisse bei der Umsetzung der Übungen? Wenn ja, ist es eine gelungene Gruppenzusammensetzung.

Das Übungssetting

Die Senioren sitzen bei dem Gedächtnistraining an Tischen. Ideal ist es, wenn die Teilnehmer einander ansehen können: Das fördert die Kommunikation bei und zwischen den Übungen. Denken Sie daran, dass die Schulzeit lange vorbei ist. Abschreiben, schummeln und tuscheln ist erlaubt und trainiert soziale Kompetenzen – das können Sie auch gerne immer wieder betonen!

Sorgen Sie, soweit wie möglich, dafür, dass die Runde nicht von Außenstehenden unterbrochen wird. Eine ruhige Umgebung ohne Störfaktoren unterstützt die Konzentrationsfähigkeit. Achten Sie außerdem darauf, dass die Teilnehmer, die eine Brille oder ein Hörgerät brauchen, diese auch dabei haben.

Durchführung der Übungsstunden

Die Übungen sind so ausgewählt, dass die Übungsstunden in ungefähr 45 Minuten durchgeführt werden können. Falls Sie nicht alle Übungen in der veranschlagten Zeit schaffen, lassen Sie einfach einen Teil weg. Eine angenehme Atmosphäre ist das Einzige was „geschafft" werden muss – ob eine Übung mehr oder weniger „geschafft" wird, ist hingegen belanglos. Zeitdruck und Leistungsgedanken sind hinderlich, nur in einer lockeren Stimmung kann das Gehirn seine Fähigkeiten optimal entfalten. Eine wunderbare Möglichkeit, die Atmosphäre angenehm zu gestalten, ist die Integration biografischer Gespräche in die Übungsstunden. Passende Voraussetzungen dafür haben wir geschaffen: Die Übungsstunden orientieren sich an den biografischen Erfahrungen von

Senioren. Zu jedem der Themen können Sie zwischen den Übungen ein paar biografische Fragen stellen. Hier einige Beispiele:

- Haben Sie auch einmal etwas Ähnliches erlebt?
- Kennen Sie diese Dinge von früher?
- Wie sind Sie mit solchen Situationen umgegangen?
- Können Sie beschreiben, wie sich das für Sie angefühlt hat?
- Fällt Ihnen noch etwas anderes zu dem Thema ein?

Ergänzende Hinweise für die Arbeit mit Menschen mit Demenz

Wir haben die Übungen so gestaltet, dass auch viele Menschen mit beginnender Demenz noch davon profitieren können. Die Übungen sind themenorientiert. Dies fördert die Konzentration und das Interesse der Teilnehmer. Der immer gleiche Aufbau der Übungsstunden wird geprägt durch Rituale wie das Lied zum Anfang und die Geschichte zum Ende der Stunde. Rituale erleichtern Menschen mit Demenz das Wiedererkennen des Angebots und die zeitliche Orientierung.

Sollten Sie zum Thema passende Anschauungsobjekte zur Verfügung haben, integrieren Sie diese in das Angebot. Dinge anfassen, riechen und schmecken zu können und dadurch mehr Sinne in das Training zu integrieren, hat viele Vorteile.

Besonders, wenn auch Menschen mit beginnender Demenz an den Übungsstunden teilnehmen, ist es wichtig, auf die individuellen Bedürfnisse der Teilnehmer einzugehen. Sie kennen Ihre Teilnehmer am besten! Passen Sie die Übungen also an und wählen Sie aus. Achten Sie darauf, dass kein Teilnehmer sich bloßgestellt fühlt und dass für jeden Anwesenden Erfolgserlebnisse möglich sind. Sollte für einen Menschen mit Demenz kein Erfolgserlebnis mehr möglich sein, ist diese Form des Gedächtnistrainings kein geeignetes Angebot mehr.

Ich wünsche Ihnen viel Freude mit dem Praxisheft für Gedächtnistraining!

Natali Mallek

Gemeinsam singen:
„Der Winter ist kommen“

Das wird trainiert:	**musikalisches Gedächtnis, Entspannung**
Das wird benötigt:	**auf Wunsch Liedzettel (S. 12)**
Das ist vorzubereiten:	**ggf. Liedtext in ausreichender Anzahl kopieren**

So geht's:

Singen Sie gemeinsam das Lied „Der Winter ist kommen“.

Kopiervorlage

Der Winter ist kommen

Der Winter ist kommen,
so still ist's im Frein.
Da soll uns im Zimmer
ein Liedchen erfreun.

Ein Lied und ein Spiel
und ein Tänzchen dabei,
dann sind wir so lustig,
als wär es im Mai.

Mag's immer da draußen
auch stürmen und schnein,
der Winter soll herzlich
willkommen uns sein.

Sammlung:
Wintersportarten

Das wird trainiert: *Assoziieren, Worte finden, Wissen*
Das wird benötigt: *Flipchart, Tafel oder Zettel; Stift oder Kreide*

So geht's:

Die Übungsleitung sammelt gemeinsam mit den Teilnehmern so viele Wintersportarten wie möglich. Die genannten Sportarten werden auf Flipchart, Tafel oder Zettel für alle sichtbar notiert.

Lösungsvorschläge:

Eislaufen, Rodeln, Skifahren, Ski-Langlauf, Snowboardfahren, Eisstockschießen, Eishockey, Bobfahren, Skispringen, Eisangeln …

Arbeitsblatt:
Winterwörter

Das wird trainiert: **Konzentration, Wissen**
Das wird benötigt: **Kopien des Arbeitsblatts, ein Stift für jeden Teilnehmer**
Das ist vorzubereiten: **Arbeitsblatt in ausreichender Anzahl kopieren**

So geht's:

Die Übungsleitung verteilt die Arbeitsblätter und die Stifte und bittet die Teilnehmer, die Aufgabe zu lösen. Die Lösungen werden anschließend vorgelesen und dann besprochen.

In Gruppen mit ungeübten Teilnehmern werden die Lösungen gemeinsam in der Gruppe gesucht und besprochen und dann auf Wunsch aufgeschrieben.

Lösungen von oben nach unten:

Winterabend, Winterfell, Wintergarten, Wintermantel, Wintervorrat, Winterreifen

Kopiervorlage

Gesucht werden Wörter mit „Winter-“. Schreiben Sie die Wörter in die freien Kästchen.

<table>
<tr><td></td><td></td></tr>
<tr><td></td><td></td></tr>
<tr><td></td><td></td></tr>
<tr><td></td><td></td></tr>
<tr><td></td><td></td></tr>
<tr><td></td><td></td></tr>
</table>

Schätzen:

Wie viele Schneeflocken sind zu sehen?

Das wird trainiert:	***Urteilen, Konzentrieren***
Das wird benötigt:	***ggf. ein Marker oder ein Blatt Papier bzw. mehrere Zettel***

So geht's:

Die Übungsleitung hält das Bild mit den Schneeflocken (S. 23) kurz hoch und dreht es dann um. Die Übungsleitung bittet die Teilnehmer zu schätzen, wie viele Schneeflocken ganz oder teilweise auf dem Bild zu sehen sind. Im Anschluss darf einer der Teilnehmer nachzählen.

Damit man beim Zählen nicht durcheinanderkommt, hilft es, die bereits gezählten Schneeflocken mit einem Marker abzustreichen oder mit einem Bogen Papier bzw. kleinen Zetteln abzudecken.

(Lösung: 26 Schneeflocken)

Kopiervorlage

Gesucht werden Wörter mit „Winter-“. Schreiben Sie die Wörter in die freien Kästchen.

Verdrehte Sprichwörter

Das wird trainiert: ***Konzentration, Wissen, Worte finden***

So geht's:

Die Übungsleitung liest die verfremdeten Sprichwörter vor, die Teilnehmer nennen dazu die richtigen Sprichwörter:

1. Der Skifahrer fällt nicht weit von der Piste. →
   Der Apfel fällt nicht weit vom Stamm.

2. Es gibt keine schlechte Piste, es gibt nur schlechte Skifahrer. →
   Es gibt kein schlechtes Wetter, es gibt nur falsche Kleidung.

3. Alter Schlitten rostet nicht. →
   Alte Liebe rostet nicht.

4. Andere Berge haben auch schöne Pisten. →
   Andere Mütter haben auch schöne Töchter.

5. Augen auf beim Schlittenkauf. →
   Augen auf beim Eierkauf.

6. Kinder, die rodeln, fallen nicht. →
   Hunde, die bellen, beißen nicht.

7. Einem geschenkten Schlitten schaut man nicht unter die Kufen. →
   Einem geschenkten Gaul schaut man nicht ins Maul.

8. Man soll den Schnee nicht vor dem Skifahren loben. →
   Man soll den Tag nicht vor dem Abend loben.

9. Das schlägt dem Schneemann die Möhre ab. →
   Das schlägt dem Fass den Boden aus.

10. Der Himmel schneit immer auf den größten Haufen. →
    Der Teufel scheißt immer auf den größten Haufen.

11. Viele Skifahrer verderben die Piste. →
    Viele Köche verderben den Brei.

12. Die dümmsten Kinder bauen die dicksten Schneemänner. →
    Die dümmsten Bauern haben die dicksten Kartoffeln.

Bewegung:

Verknüpfungen

Das wird trainiert: ***Bewegung, Konzentration***

So geht's:

Die Übungsleitung stellt jeweils eine Bewegung für unterschiedliche Wörter rund um das Thema Schnee vor.

Schneemann:	mit einem Finger auf die Nase zeigen
Schneeball:	mit den Händen einen fiktiven Schneeball formen und werfen
Schlitten fahren:	den Oberkörper von links nach rechts wiegen
Ski fahren:	fiktiv Skistöcke in den Boden rammen und nach hinten ziehen
Schneeflocken:	einen Kreis in die Luft zeichnen (mit einer Hand oder mit beiden Händen)

Die Übung funktioniert nach dem Prinzip des bekannten Spiels „Ich packe meinen Koffer“:

Der erste Teilnehmer darf sich ein „Schnee-Wort“ aussuchen. Die Gruppe macht die passende Bewegung dazu.

Nun nennt der zweite Teilnehmer ein anderes Schnee-Wort. Die Gruppe wiederholt die erste Bewegung und macht gleich anschließend die Bewegung zu dem zweiten Schnee-Wort.

So geht es reihum weiter. Es entsteht eine Bewegungskette.

Beispiel:

Der erste Teilnehmer wählt „Schneemann“. Die Teilnehmer machen die Schneemannbewegung.

Der zweite Teilnehmer wählt „Schlitten fahren“. Die Teilnehmer wiederholen die Schneemannbewegung und machen dann die Bewegung „Schlitten fahren“.

Der dritte Teilnehmer wählt Schneeball. Die Teilnehmer wiederholen die Schneemannbewegung, dann die Schlitten-fahren-Bewegung und machen anschießend die Schneeballbewegung – usw.

Geübte Gruppen können sich die „Schnee-Bewegungen“ selbst ausdenken. Die Übungsleitung stellt dafür die folgenden Fragen: Was kann man im Schnee machen? Wie kann man das in einer einfachen Bewegung darstellen?

Arbeitsblatt:

Schüttelsätze

Das wird trainiert:	**Konzentration, Wissen**
Das wird benötigt:	**Kopien des Arbeitsblatts, ein Stift für jeden Teilnehmer**
Das ist vorzubereiten:	**Arbeitsblatt in ausreichender Anzahl kopieren**

So geht's:

Die Übungsleitung verteilt die Arbeitsblätter und die Stifte und bittet die Teilnehmer, die Aufgabe zu lösen. Die Lösungen werden anschließend vorgelesen und gemeinsam besprochen.

In Gruppen mit ungeübten Teilnehmern werden die Lösungen gemeinsam in der Gruppe gesucht. Die Teilnehmenden können die Lösungen anschließend aufschreiben, wenn sie möchten.

Lösungsbeispiele (andere Varianten sind möglich):

Der See ist vollkommen zugefroren.

Dieser Winter ist sehr kalt und schneereich.

Der Frost malt Blumen an das Fenster.

Die Tiere finden im Winter wenig Futter.

Der Winter ist eine schöne Jahreszeit.

Kopiervorlage

Hier wurden die Wörter durcheinandergewürfelt.

Bringen Sie die Wörter in eine sinnvolle Reihenfolge!

vollkommen See Der zugefroren ist

____

Winter Dieser ist schneereich kalt sehr und

____

Fenster Der malt Frost an das Blumen

____

wenig finden im Futter Winter Die Tiere

____

ist Winter Jahreszeit eine schöne Der

____

Schätzen:

Wie viele Schneeflocken sind zu sehen?

Das wird trainiert:	***Urteilen, Konzentrieren***
Das wird benötigt:	***ggf. ein Marker oder ein Blatt Papier bzw. mehrere Zettel***

So geht's:

Die Übungsleitung hält das Bild mit den Schneeflocken (S. 23) kurz hoch und dreht es dann um. Die Übungsleitung bittet die Teilnehmer zu schätzen, wie viele Schneeflocken ganz oder teilweise auf dem Bild zu sehen sind. Im Anschluss darf einer der Teilnehmer nachzählen.

Damit man beim Zählen nicht durcheinanderkommt, hilft es, die bereits gezählten Schneeflocken mit einem Marker abzustreichen oder mit einem Bogen Papier bzw. kleinen Zetteln abzudecken.

(Lösung: 26 Schneeflocken)

Geschichte:
Einmal bitte durchfrieren

Das wird trainiert: *Entspannung*

So geht's:

Die Übungsleitung liest die Geschichte langsam vor.

Einmal bitte durchfrieren

Johanna war tief in Gedanken versunken. Früher, da war der Winter doch irgendwie schöner. Sie erinnerte sich gerne daran, wie sie als Kind stundenlang im Schnee spielte. Sie baute Schneemänner. Sie machte Schneeballschlachten. Sie fuhr Schlitten.

Sie erinnerte sich noch ganz genau an die Wollhandschuhe, die sie damals trug. Ihre Oma hatte sie gestrickt. Nach ein paar Minuten im Schnee waren die Handschuhe schon völlig durchnässt. Die Schneekristalle ließen die Handschuhe ganz hart werden, und die Hände wurden schnell feucht und rot. Auch die Kleidung durchnässte bei den Schneespielen allzu schnell, und dann musste Johanna bald wieder zurück ins Haus.

Wenn sie reinkam, wurde sie von ihrer Mutter in Empfang genommen und sofort aus der kalten, nassen Kleidung geschält. Die steifgefrorenen Handschuhe waren besonders schwer auszuziehen. Ihre Mutter half ihr in warme, trockene Sachen und wickelte sie in eine flauschige, kuschelige Decke. In dieser Decke trug ihre Mutter sie zu dem großen Armsessel und drückte ihr eine schöne, heiße Tasse Kakao in die Hand. Der Kakao schmeckte dann einfach himmlisch. So wunderbar herb und süß zugleich, so vollmundig, so wärmend und guttuend. Früher – früher schmeckte Kakao doch irgendwie besser.

Johanna entschloss sich, einen Spaziergang zu machen. Sie zog sich etwas zu leicht an für den Spaziergang. Sie steckte ihre Hände draußen ein paarmal extra in den kalten Schnee. Sie blieb extra so lange draußen, bis sie wirklich durchgefroren war. Als sie wieder reinkam, machte sie sich einen heißen Kakao. Sie holte sich eine kuschelige, flauschige Decke und setzte sich in ihren großen Armsessel. Dieser Winter war doch fast so schön wie früher, und der Kakao schmeckte beinahe so gut wie der Kinderkakao von ihrer Mutter.

Gemeinsam singen:
„A, B, C, die Katze lief im Schnee“

Das wird trainiert:	**musikalisches Gedächtnis, Entspannung**
Das wird benötigt:	**auf Wunsch Liedzettel (S. 28)**
Das ist vorzubereiten:	**ggf. Liedtext in ausreichender Anzahl kopieren**

So geht's:

Singen Sie gemeinsam das Lied „A, B, C, die Katze lief im Schnee“.

Kopiervorlage

A, B, C, die Katze lief im Schnee

A, B, C,
die Katze lief im Schnee.
Und als sie dann nach Hause kam,
da hat sie weiße Stiefel an.
O jemine, o jemine,
die Katze lief im Schnee.

A, B, C,
die Katze lief zur Höh'.
Sie leckt ihr kaltes Pfötchen rein
und putzt sich auch die Stiefelein.
A, B, C,
und ging nicht mehr in Schnee.

Sammlung:

Winterschlaf

Das wird trainiert: *Assoziieren, Worte finden, Wissen*
Das wird benötigt: *Flipchart, Tafel oder Zettel;, Stift oder Kreide*

So geht's:

Die Übungsleitung sammelt gemeinsam mit den Senioren die Namen von Tieren, die einen Winterschlaf machen oder Winterruhe halten.

Die Tiernamen werden auf Flip-Chart, Tafel oder Zettel notiert.

Lösungsvorschläge:

Fledermaus, Igel, Braunbär, Dachs, Eichhörnchen, Siebenschläfer, Hamster, Murmeltier

Arbeitsblatt:

Spuren im Schnee

Das wird trainiert:	Konzentration, Wissen
Das wird benötigt:	Kopien des Arbeitsblatts, ein Stift für jeden Teilnehmer
Das ist vorzubereiten:	Arbeitsblatt in ausreichender Anzahl kopieren

So geht's:

Die Übungsleitung verteilt die Arbeitsblätter und die Stifte und bittet die Teilnehmer, die Aufgabe zu lösen. Die Lösungen werden anschließend gemeinsam besprochen.

In Gruppen mit ungeübten Teilnehmern werden die Lösungen gemeinsam in der Gruppe gesucht. Wer möchte, kann sie anschließend aufschreiben.

Lösung von oben nach unten:

Dachs, Hase, Reh, Fuchs, Ente, Eichhörnchen

Kopiervorlage

Welche Tiere hinterlassen diese Spuren im Schnee? Schreiben Sie es in die freien Kästchen.

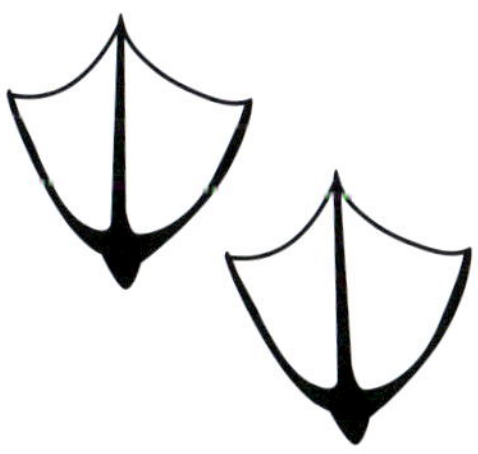	

Namen finden:

Begegnungen beim Winterspaziergang

Das wird trainiert: ***Fantasie, Worte finden, Assoziieren***

So geht's:

Die Übungsleitung stellt den Teilnehmern folgende Aufgabe:

Ingeborg geht gern spazieren. Besonders im Winter, wenn die Wege von Schnee bedeckt sind, zieht sie ihre Runden über die Felder und durch den Wald. Immer wieder begegnet sie auf ihren Spaziergängen Tieren, die den Winter scheinbar genauso gerne mögen wie sie. Heute möchte sie den Tieren gerne Namen geben, denn sie kommen ihr wie Vertraute vor. Leider ist Ingeborg nicht besonders kreativ. Können Sie helfen?

Rotkehlchen:

Wenn Ingeborg das Haus verlässt, fällt ihr erster Blick auf das Vogelhäuschen. Dort sitzt meistens ein kleines Rotkehlchen und lässt sich ein paar Nussstückchen schmecken. Ingeborg nähert sich ganz vorsichtig, aber das Rotkehlchen fliegt trotzdem immer ganz schnell weiter.

Wie könnte Ingeborg das Rotkehlchen nennen?

Reh:

Ein alter Bekannter von Ingeborg ist ein Rehbock, den sie ab und zu durch den Wald huschen sieht. Man merkt ihm die erschwerte Nahrungssuche im Winter an. Dann bewegt er sich nicht ganz so schnell, und Ingeborg kann mehr als nur einen kleinen Blick erhaschen. Der Rehbock hat wunderschöne große Augen.

Wie könnte der Rehbock heißen?

Fuchs:

Den Fuchs hat Ingeborg nur einmal persönlich am Waldrand getroffen, und bei diesem Treffen, hat er leider sehr schnell Reißaus genommen. Doch jetzt im Winter entdeckt Ingeborg die Fußspuren des Fuchses und hofft, dass es bald einmal wieder zu einem Treffen kommt.

Fällt Ihnen ein Name für den Fuchs ein?

Hase:

Am Feld trifft Ingeborg oft auf einen sehr flinken Gesellen. Dort wohnt ein großer Feldhase. Meistens sieht Ingeborg ihn nicht gleich oder entdeckt ihn gar nicht. Doch manchmal sprintet der Hase plötzlich los und schlägt seine Haken auf der zugeschneiten Wiese. Ingeborg beeindruckt die Geschwindigkeit jedes Mal.

Wie könnte der Hase heißen?

Bewegung:

Verknüpfungen

Das wird trainiert: ***Bewegung, Worte finden, Konzentration***

So geht's:

Mit fitten Teilnehmenden kann diese Übung im Stehen durchgeführt werden. Sie eignet sich aber auch zur Durchführung im Sitzen. Bei der Kombination von Bewegung und Sprache ist die Koordination der Teilnehmer gefragt.

- **Der** → in die Hände klatschen
- **Dachs** → mit beiden Händen auf die Oberschenkel klatschen
- **schläft** → Handflächen aneinander legen und als fiktives Kissen unter das Ohr legen

Die Übungsleitung spricht den Satz „Der Dachs schläft" immer wieder vor und macht dazu die passenden Bewegungen (s. o.). Die Teilnehmer machen die Bewegungen mit.

Wenn sich die Teilnehmer den Ablauf gemerkt haben, wird die Reihenfolge der Satzteile geändert und entsprechend auch die Reihenfolge der Bewegungen:

Schläft der Dachs?

Die beiden verschiedenen Sätze werden abwechselnd gesprochen.

Die Schnelligkeit kann gesteigert werden.

Eigenschaften:

Schlaue, flinke und träge Tiere

Das wird trainiert: *Assoziieren, Worte finden, Wissen*

So geht's:

Die Übungsleitung bittet die Teilnehmer, Tiere zu nennen, denen sie die folgenden Eigenschaften zuschreiben.

gefährlich

lieb

niedlich

schlau

träge

flink

groß

klein

Lösungsbeispiele:

gefährlich:	Wolf, Marder
lieb:	Hase, Rotkehlchen
niedlich:	Eichhörnchen, Maus
schlau:	Fuchs, Krähe
träge:	Bär, Taube
flink:	Reh, Hase
groß:	Bär, Esel
klein:	Käfer, Laus

Arbeitsblatt:

Wo steckt das Reh?

Das wird trainiert:	**Konzentration, Wissen**
Das wird benötigt:	**Kopien des Arbeitsblatts, ein Stift für jeden Teilnehmer**
Das ist vorzubereiten:	**Arbeitsblatt in ausreichender Anzahl kopieren**

So geht's:

Die Übungsleitung verteilt die Arbeitsblätter und die Stifte und bittet die Teilnehmer, die Aufgabe zu lösen. Die Lösungen werden anschließend vorgelesen und gemeinsam besprochen.

In Gruppen mit ungeübten Teilnehmern werden die Lösungen im Plenum gesucht.

Lösungen:

Drehtür, Drehorgel, Reha, Siegerehrung, Schraubendreher

Kopiervorlage

Was sehen Sie hier? Schreiben Sie es auf. – Ein „REH“ ist in jedem gesuchten Wort enthalten. Wo?

Geschichte:

Der kleine Schneekönig

Das wird trainiert: ***Entspannung***

So geht's:

Die Übungsleitung liest die Geschichte langsam vor.

Der kleine Schneekönig

Hiltrud ging gerne spazieren. Hiltrud liebte Vögel. Schon im Frühling dachte Hiltrud voller Wehmut an den Winter. Sie liebte es so sehr, von den Vögeln geweckt zu werden. Sie liebte es, das Gezwitscher der Vögel auf ihren Spaziergängen zu hören. Sie genoss die Anwesenheit der Vögel jeden Tag.

Doch bei dem Gedanken an den Winter wurde ihr ganz angst und bange. Viele Vögel würden im Winter in den Süden fliegen, und ihr schöner Gesang würde nicht mehr erklingen. Mit jedem Tag, mit dem der Frühling und dann der Sommer verstrich, sorgte sie sich mehr. Bald kreisten Hiltruds Gedanken nur noch um den stillen Winter, obwohl dieser doch eigentlich noch gar nicht da war. Bald konnte sie vor lauter Sorge den Vogelgesang im Hier und Jetzt gar nicht richtig genießen.

Und obwohl Hiltrud den Lauf der Dinge gerne geändert hätte, kam auch in diesem Jahr der Winter. Das Gezwitscher der Vögel wurde leiser. Es schneite. Als Hiltrud eines Tages zu ihrem täglichen Spaziergang aufbrach, konnte sie ihren Ohren kaum trauen. Es war nicht so laut wie im Frühling. Es war nicht so vielfältig wie im Sommer. Aber es war eindeutig da. Hiltrud hörte: Vogelgezwitscher!

Sie bog um die Ecke und entdeckte auf einem Zaun einen fröhlichen kleinen zwitschernden Zaunkönig. Jetzt freute sich Hiltrud. Alle Ängste, alle Sorgen, waren umsonst gewesen. Vogelgezwitscher im Winter! Wenn sie das vorher gewusst hätte! Sie freute sich wie ein Schneekönig.

Gemeinsam singen:
„Schneeflöckchen Weißröckchen“

Das wird trainiert:	**musikalisches Gedächtnis, Entspannung**
Das wird benötigt:	**auf Wunsch Liedzettel (S. 42)**
Das ist vorzubereiten:	**ggf. Liedtext in ausreichender Anzahl kopieren**

So geht's:

Singen Sie gemeinsam das Lied „Schneeflöckchen, Weißröckchen“.

Kopiervorlage

Schneeflöckchen, Weißröckchen

1. Schneeflöckchen, Weißröckchen,
wann kommst du geschneit?
Du wohnst in den Wolken,
dein Weg ist so weit.

2. Komm, setz dich ans Fenster,
du lieblicher Stern,
malst Blumen und Blätter,
wir haben dich gern.

3. Schneeflöckchen, du deckst uns
die Blümelein zu,
dann schlafen sie sicher
in himmlischer Ruh.

4. Schneeflöckchen, Weißröckchen,
komm zu uns ins Tal.
Dann bau'n wir den Schneemann
und werfen den Ball.

Sammlung:
Wörter mit „Schnee“

Das wird trainiert:	**Assoziieren, Worte finden, Wissen**
Das wird benötigt:	**Flipchart, Tafel oder Zettel; Stift oder Kreide**

So geht's:

Die Übungsleitung sammelt gemeinsam mit den Senioren Wörter, die das Wort „Schnee“ enthalten. Die Übungsleitung notiert die Wörter auf Flipchart, Tafel oder Zettel.

Lösungsvorschläge:

Schneemann, Schneehase, Schneeflocke, Schneepflug, Schneeschaufel, Schneegestöber, Schneesturm, Schneekanone, Schneestiefel, Schneeschuhe, Schneeketten, Schneeball, Neuschnee, Pulverschnee, schneeweiß

Arbeitsblatt:

Lücken füllen

Das wird trainiert:	*Konzentration, Worte finden*
Das wird benötigt:	*Kopien von Arbeitsblatt A oder B, ein Stift für jeden Teilnehmer*
Das ist vorzubereiten:	*Arbeitsblatt A oder B in ausreichender Anzahl kopieren*

So geht's:

Für geübtere Gruppen verteilt die Übungsleitung Kopien von Arbeitsblatt A (S. 46) und die Stifte und bittet die Teilnehmer, die Aufgabe zu lösen. Die Lösungen werden anschließend vorgelesen und gemeinsam besprochen.

Für Gruppen mit ungeübten Teilnehmern verwenden Sie die leichtere Version B des Arbeitblatts (siehe Seite 47). Die Lösungen werden gemeinsam in der Gruppe gesucht.

Lösung A:

Im Winter können die Menschen zueinanderfinden. Die Ruhe des Winters macht es oftmals leichter, aufeinander zuzugehen. Bei ruhigen Spieleabenden in der warmen Stube verbringen sie Zeit miteinander. Dann entdeckt so mancher Mensch, dass es besser ist, voneinander zu lernen als Dinge gegeneinander zu tun. Während die Schneeflocken draußen durcheinanderwirbeln, sitzen die Menschen beieinander. Man denkt aneinander und lädt alte Freunde und Bekannte ein.

Lösung B:

Im Winter können die Menschen zueinander finden. Die Ruhe des Winters macht es oftmals leichter, aufeinander zuzugehen. Bei ruhigen Spieleabenden in der warmen Stube verbringen sie Zeit miteinander.

Kopiervorlage

A. Setzen Sie die folgenden Wörter in die Sätze ein:

miteinander • aufeinander • durcheinander • beieinander • zueinander • nacheinander • voneinander • gegeneinander • aneinander

Im Winter können die Menschen ______________________ finden. Die Ruhe des Winters macht es oftmals leichter, ______________________ zuzugehen. Bei ruhigen Spieleabenden in der warmen Stube verbringen sie Zeit ______________________. Dann entdeckt so mancher Mensch, dass es besser ist, ______________________ zu lernen als Dinge ______________________ zu tun. Während die Schneeflocken draußen ______________________ wirbeln, sitzen die Menschen ______________________. Man denkt ______________________ und lädt alte Freunde und Bekannte ein.

Kopiervorlage

B. Setzen Sie die folgenden Wörter in die Sätze ein:

miteinander • aufeinander • zueinander

Im Winter können die Menschen ______________________ finden. Die Ruhe des Winters macht es oftmals leichter, ______________________ zuzugehen. Bei ruhigen Spieleabenden in der warmen Stube verbringen sie Zeit ______________________.

Rückwärts buchstabieren

Das wird trainiert: *Konzentration, Wissen*

So geht's:

Die Übungsleitung nennt jedem Teilnehmer reihum ein Wort. Wer an der Reihe ist, versucht, sein Wort rückwärts zu buchstabieren.

In Gruppen mit weniger geübten Teilnehmern, können die Wörter vorwärts buchstabiert werden.

1. Flocke (E-K-C-O-L-F)
2. Schlitten (N-E-T-T-I-L-H-C-S)
3. Schal (L-A-H-C-S)
4. rodeln (N-L-E-D-O-R)
5. Handschuhe (E-H-U-H-C-S-D-N-A-H)
6. Ski (I-K-S)
7. Spuren (N-E-R-U-P-S)
8. Neuschnee (E-E-N-H-C-S-U-E-N)
9. Stiefel (L-E-F-E-I-T-S)
10. Piste (E-T-S-I-P)

Bewegung:

Den Ablauf nachahmen

Das wird trainiert: **Bewegung, Konzentration**

So geht's:

Vom Schneeball zum Schneemann: Die Teilnehmer nennen der Reihe nach die Schritte, die nötig sind, um einen Schneemann zu bauen. Der erste Schritt ist, wasserdichte Handschuhe anzuziehen.

Die Gruppe imitiert gemeinsam jede Tätigkeit, die genannt wird.

Lösungsbeispiel:

- Wasserdichte Handschuhe anziehen.
- Eine kleine Menge Schnee in den Händen zu einer Kugel formen.
- Die kleine Kugel über den Boden rollen und zu einer großen Kugel werden lassen.
- Die große Kugel an den gewünschten Standort rollen.
- Eine kleine Menge Schnee in den Händen zu einer zweiten Kugel formen.
- Die kleine Kugel über den Boden rollen und zu einer mittleren Kugel werden lassen.
- Die mittlere Kugel auf die große Kugel heben.
- Eine kleine Menge Schnee in den Händen zu einer dritten Kugel formen.

- Die kleine Kugel kurz über den Boden rollen und ein bisschen größer werden lassen.
- Diese Kugel auf die mittlere Kugel heben.
- Kohlenstückchen als Augen, Mund und Knöpfe in die Schneekugeln setzen.
- Dem Schneemann eine Möhrennase ins Gesicht stecken.
- Dem Schneemann einen Hut aufsetzen.
- Dem Schneemann einen Besen „in die Hand geben".

Arbeitsblatt:

Außenseiter finden

Das wird trainiert:	**Konzentration, Wissen, Struktur und Zusammenhang**
Das wird benötigt:	**Kopien des Arbeitsblatts, ein Stift für jeden Teilnehmer**
Das ist vorzubereiten:	**Arbeitsblatt in ausreichender Anzahl kopieren**

So geht's:

Die Übungsleitung verteilt die Arbeitsblätter und die Stifte und bittet die Teilnehmer, die Aufgabe zu lösen. Die Lösungen werden anschließend gemeinsam besprochen.

In Gruppen mit ungeübten Teilnehmern werden die Lösungen gemeinsam in der Gruppe gesucht. Die Übungsleitung kann zusätzlich Fragen stellen, die den Teilnehmern das Herausfinden der Lösungen erleichtern.

Beispiele für Fragen:

1: Welche Körperteile haben die Schneemänner?

2: Aus welchem Material bestehen die Schneeflocken?

3: Wer hat die Spuren hinterlassen?

Lösungen:

Bitte beachten Sie, dass es auch andere mögliche und richtige Antworten gibt.

1: Es gibt nur einen Schneemann ohne Arme.

2: Es gibt nur eine Schneeflocke aus Holz.

3: Es gibt nur einmal Menschenspuren.

Kopiervorlage

Welches Bild passt nicht in die Reihe? – Markieren Sie es.

Zusammengesetzt:

Winterwörter

Das wird trainiert:	**Struktur und Zusammenhang, Wissen, Konzentration, Wortfindung**
Das wird benötigt:	**Kopien der Wortkarten**
Das ist vorzubereiten:	**Wortkarten kopieren und ausschneiden, für den mehrfachen Gebrauch evtl. laminieren**

So geht's:

Die Karten mischen und auf dem Tisch verteilen. Die Teilnehmer versuchen, Wortpaare zu bilden, aus denen zusammengesetzte Wörter entstehen. Beispiel: *Hand + Schuhe = Handschuhe.*

An dieser Stelle darf gerne diskutiert werden, denn es gibt mehrere Kombinationsmöglichkeiten.

Lösungsvorschläge:

Handschuhe, Skihütte, Skistiefel, Pulverschnee, Winterstiefel, Winterhütte, Pelzmantel, Rodelbahn, Schlittenhunde, Schlittenbahn, Kaminfeuer, Kaminschuhe, Eisbär, Hundepelz.

Kopiervorlage

Hand	Schuhe
Ski	Hütte
Pulver	Schnee
Winter	Stiefel
Pelz	Mantel
Rodel	Bahn
Schlitten	Hunde
Kamin	Feuer
Eis	Bär

Geschichte:

Der Eintagesfreund

Das wird trainiert: *Entspannung*

So geht's:

Die Übungsleitung liest die Geschichte langsam vor.

Der Eintagesfreund

Jonas wünschte sich so sehr, in den Bergen zu wohnen. Schließlich war es Winter. In den Bergen lag Schnee. In den Bergen konnte man Schlitten fahren. In den Bergen konnte man Ski fahren. Und das Allerwichtigste: In den Bergen konnte man einen Schneemann bauen. Da, wo Jonas wohnte, da schneite es einfach nicht. Obwohl es schon Mitte Januar war, hatte es noch nicht ein einziges Mal Schnee gegeben. – Na ja, eigentlich hatte es doch schon zweimal geschneit, doch beide Male waren die Schneeflocken sofort geschmolzen, als sie den Boden berührten.

Doch für Donnerstag hatte die Wetterfrau in den Nachrichten tatsächlich Schnee angekündigt. Jonas war skeptisch. Bestimmt hatte die Wetterfrau sich vertan, oder der Schnee würde wieder sofort schmelzen ... Aber ein kleiner Funken Hoffnung hielt sich doch in Jonas' Bauch, ein kleines bisschen Hoffnung darauf, dass die Wetterfrau Recht hatte. Dieser kleine Funken Hoffnung trieb ihn am Donnerstagmorgen schon um Viertel vor sechs aus dem Bett und ans Fenster.

Als er den Vorhang zur Seite schob sah er es: Die Welt war bedeckt von einer weißen Decke. Die Straße, die Autos, die Dächer der Häuser: Alles war weiß und wunderschön. Kein einziger Mensch hatte bis jetzt seine Fußspuren im Weiß hinterlassen. Jonas würde der erste sein. Er zog sich in Windeseile an, kramte die Winterstiefel heraus, vergaß das Zähneputzen, ging hinaus und staunte. Er legte sich als Erstes ganz bedächtig mit dem Rücken in den Schnee und machte einen Schneeengel. Als Nächstes beschloss er, einen Schneemann zu bauen. Erst eine riesige Kugel als Bauch, dann eine kleinere Kugel als Kopf. Für die Nase holte er eine Möhre aus der Küche, für die Augen und die Knöpfe des Schneemanns nahm er kleine Steine. Ein alter Eimer aus der Garage musste als Hut herhalten, und Papas alten Besen lehnte Jonas dem Schneemann an die Schulter. Jonas bestaunte seinen Schneemann und freute sich. „Du bist mein Freund!“, sagte er zu dem Schneemann. Und als seine Mutter endlich aufgestanden war, musste sie ein Foto von Jonas und dem Schneemann machen.

Am nächsten Tag war der Schnee schon wieder geschmolzen, und auch der Schneemann war nur noch ein kleiner vereister Haufen Schnee. Jonas war trotzdem glücklich: Das Foto seines Schneemann hängte er an seine Pinnwand und nahm sich vor, ihn im nächsten Jahr, falls Schnee fallen würde, genauso wieder aufzubauen.

Gemeinsam singen: „Weißt du, wie viel Sternlein stehen“

Das wird trainiert:	*musikalisches Gedächtnis, Entspannung*
Das wird benötigt:	*auf Wunsch Liedzettel (S. 60)*
Das ist vorzubereiten:	*ggf. Liedtext in ausreichender Anzahl kopieren*

So geht's:

Singen Sie gemeinsam das Lied „Weißt du, wie viel Sternlein stehen“.

Arbeitsblatt:

Sternzeichen erkennen

Das wird trainiert:	***Konzentration, Wissen***
Das wird benötigt:	***Kopien des Arbeitsblatts, ein Stift für jeden Teilnehmer***
Das ist vorzubereiten:	***Arbeitsblatt in ausreichender Anzahl kopieren***

So geht's:

Die Übungsleitung verteilt die Arbeitsblätter und die Stifte und bittet die Teilnehmer, die Aufgabe zu lösen. Die Lösungen werden anschließend gemeinsam besprochen.

In Gruppen mit ungeübten Teilnehmern werden die Lösungen gemeinsam in der Gruppe gesucht. Wer möchte, kann sie anschließend aufschreiben.

Lösungen von oben nach unten:

Zwilling, Steinbock, Wassermann, Jungfrau, Skorpion, Löwe

Kopiervorlage

Schreiben Sie die Namen der passenden Sternzeichen in die freien Kästchen.

♊	
♑	
♒	
♍	
♏	
♌	

Verdrehte Sprichwörter:
Sternenhimmel

Das wird trainiert: ***Konzentration, Wissen, Worte finden***

So geht's:

Die Übungsleitung liest die verfremdeten Sprichwörter vor, die Teilnehmer nennen jeweils das richtige Sprichwort:

1. Die Schnuppe fällt nicht weit vom Stern. →
   Der Apfel fällt nicht weit vom Stamm.
2. Es gibt kein schlechtes Sternzeichen, es gibt nur schlechte Astrologen. →
   Es gibt kein schlechtes Wetter, es gibt nur falsche Kleidung.
3. Was Sternchen nicht lernt, lernt Stern nimmermehr. →
   Was Hänschen nicht lernt, lernt Hans nimmermehr.
4. Aller guten Sterne sind drei. →
   Aller guten Dinge sind drei.
5. Da wird der Stern am Himmel verrückt. →
   Da wird der Hund in der Pfanne verrückt.
6. Sterne, die leuchten, fallen nicht. →
   Hunde, die bellen, beißen nicht.
7. Einem geschenkten Stern schaut man nicht auf die Zacken. →
   Einem geschenkten Gaul schaut man nicht ins Maul.
8. Man soll den Sternenhimmel nicht vor dem Morgen loben. →
   Man soll den Tag nicht vor dem Abend loben.

9. Mit einem Teleskop fängt man Sterne. →
   Mit Speck fängt man Mäuse.

10. Wo ein Teleskop ist, ist auch ein Stern. →
    Wo ein Wille ist, ist auch ein Weg.

11. Viele Astronomen verderben das Sternegucken. →
    Viele Köche verderben den Brei.

12. Alle Sterne führen nach Bethlehem. →
    Alle Wege führen nach Rom.

Bewegung:
Sternschnuppenregen

Das wird trainiert: **Bewegung, Konzentration**

So geht's:

Die Übungsleitung liest den Text langsam vor. Immer, wenn in der Bewegungsgeschichte das Wort „Stern"/„Sterne" vorkommt, imitieren die Teilnehmenden mit beiden Händen die blinkenden Sterne dadurch, dass sie die geschlossenen Hände in der Luft an verschiedenen Stellen öffnen. Immer, wenn im Text „Sternschnuppe" vorkommt, lassen die Teilnehmer beide geöffneten Hände von links nach rechts ziehen.

Sternschnuppenregen

Dagmar liebte die **Sterne**. Klaus liebte die **Sterne** auch. Beide gingen häufig zur **Stern**warte. Dort lernten sie sich kennen. Dort lernten sie sich lieben. Dort betrachteten sie gerne gemeinsam die **Sterne**.

Für die heutige Nacht war ein ganz besonderer **Sternschnuppen**regen angekündigt. Für die heutige Nacht hatte Klaus sich etwas Besonderes vorgenommen. Es sollte die Nacht der **Sternschnuppen** werden, und es sollte eine ganz besondere Nacht für Klaus und Dagmar werden. Klaus und Dagmar hatten sich Klappstühle auf das Dach der **Stern**warte gestellt. Sie hatten sich dicke, flauschige Decken mitgenommen, und einen großen Picknickkorb mit Käsehappen, Baguette, Wein und leckeren **stern**förmigen Pralinen hatten sie auch bereitgestellt. Klaus fasste kurz in seine Hosentasche – dort hielt er ein kleines Kästchen verborgen, von dem Dagmar nichts wusste.

Der Abend schlich dahin, und beide schauten immer wieder wie gebannt auf die **Sterne** und den Himmel. Sie wollten die erste **Sternschnuppe** des **Sternschnuppen**regens auf gar keinen Fall verpassen. Doch lange Zeit tat sich nichts. Also plauderten die beiden ein wenig – über **Sterne**, **Sternschnuppen** und vieles andere. Sie lachten, sie genossen den Wein und ließen sich Baguette und Käse schmecken.

Und dann, als sie schon gar nicht mehr daran geglaubt hatten, sahen sie sie: die erste **Sternschnuppe**, die mit ihrem langen Schweif über den Nachthimmel zog. Es folgten eine zweite **Sternschnuppe** und ein dritter **Stern**, der als Schnuppe vom Himmel fiel. Die beiden sahen sich in die Augen. Die beiden küssten sich.

Klaus' Herz klopfte etwas schneller. Er steckte seine Hand in die Hosentasche und holte das kleine Kästchen hervor. Er stand von seinem Stuhl auf und kniete sich vor Dagmar auf den Boden des **Stern**wartendachs. Er öffnete das kleine Kästchen und zauberte einen wunderschönen goldenen Ring mit einem kleinen **Stern**-Diamanten daraus hervor. „Liebe Dagmar", sagte er mit leicht zitternder Stimme: „Möchtest du meine Frau werden? Ich will dir die **Sterne** vom Himmel holen."

Während der **Sternschnuppen**regen den Himmel wie ein Feuerwerk zum Leuchten brachte, fiel Dagmar Klaus um den Hals und antwortete: „Natürlich möchte ich das! Aber ein paar **Sterne** kannst du ruhig oben lassen."

Arbeitsblatt:

Wortschlange

Das wird trainiert:	**Konzentration, Wissen**
Das wird benötigt:	**Kopien von Arbeitsblatt A oder B, ein Stift für jeden Teilnehmer**
Das ist vorzubereiten:	**Arbeitsblatt A oder B in ausreichender Anzahl kopieren**

So geht's:

In Gruppen mit geübteren Teilnehmern verteilt die Übungsleitung Kopien von Arbeitsblatt A sowie die Stifte und bittet die Teilnehmer, die Aufgabe zu lösen. Die Lösungen werden anschließend vorgelesen und gemeinsam besprochen.

Für Gruppen mit ungeübten Teilnehmern nutzen Sie die leichte Version B des Arbeitblattes (siehe Seite 70). Die Lösungen werden im Plenum gesucht.

Lösung:

Arbeitsblatt A: 9-mal

Arbeitsblatt B: 2-mal

Kopiervorlage

A. Meist sind Sterne in der Ferne!

Finden Sie das Wort **„Ferne“**. Markieren Sie es.

Wie oft kommt es vor?

STERNESTERNESTERNESTERNESTERNESTERNE
STERNESTERNESTERNEFERNESTERNESTERNES
TERNESTERNESTERNESTERNESTERNESTERNES
TERNESTERNESTERNESTERNESTERNESTERNES
TERNEFERNESTERNESTERNESTERNESTERNES
TERNESTERNESTERNESTERNESTERNESTERNES
TERNESTERNESTERNESTERNESTERNEFERNES
TERNESTERNESTERNESTERNESTERNESTERNES
TERNESTERNESTERNESTERNESTERNESTERNES
TERNESTERNESTERNESTERNEFERNESTERNES
TERNESTERNESTERNESTERNESTERNEFERNES
TERNESTERNESTERNESTERNESTERNESTERNES
TERNESTERNESTERNEFERNESTERNESTERNES
TERNESTERNESTERNESTERNESTERNESTERNES
TERNESTERNESTERNESTERNESTERNESTERNES
TERNESTERNESTERNESTERNEFERNESTERNES
TERNESTERNESTERNESTERNESTERNESTERNES
TERNESTERNESTERNEFERNESTERNESTERNE
FERNESTERNESTERNESTERNESTERNESTERNES
TENERS

Kopiervorlage

B. Meist sind Sterne in der Ferne!

Finden Sie das Wort **„Ferne“.** Markieren Sie es.

Wie oft kommt es vor?

STERNESTERNEFERNESTER
NESTERNESTERNESTERNES
TERNESTERNESTERNEFER
NESTERNEST

Notizen

Überschriften finden:
Sternstunden

Das wird trainiert:	*Fantasie, Worte finden, Assoziieren, in Worte fassen*
Das wird benötigt:	*Bildkarten, für weniger fitte Gruppen Flip-Chart, Tafel oder Zettel*
Das ist vorzubereiten:	*Bildkarten kopieren und ausschneiden, für den mehrfachen Gebrauch evtl. laminieren*

So geht's:

Variante für weniger geübte Gruppen:

Die Übungsleitung schreibt die untenstehenden Überschriften auf Flip-Chart, Tafel oder Zettel. Die Bildkarten werden auf dem Tisch verteilt. Anschließend ziehen die Teilnehmer reihum ein Bild und entscheiden gemeinsam, welche Überschrift am besten zu dem Bild passt.

Überschriften:

Mit Ballon im Park

Vater und Sohn

Fruchtiger Sternenspaß

Die Sternschnuppe

Die Sternsuppe

Ein Hund und die Sterne

Variante für geübte Gruppen:

Die Übungsleitung schreibt keine Überschriften auf. Die Teilnehmer ziehen reihum eine Bildkarte und denken sich selbstständig eine passende Überschrift aus.

Kopiervorlage

Geschichte:

Sternschnuppe

Das wird trainiert: ***Entspannung***

So geht's:

Die Übungsleitung liest die Geschichte langsam vor.

Sternschnuppe

Karlchen hieß der kleine Stern, der jeden Abend mit all seiner Kraft am Abendhimmel leuchtete. Karlchen war ungeduldig. „Immer nur leuchten, leuchten, leuchten", sagte er zum alten weisen Nordstern, „wann darf ich denn endlich mal etwas Besonderes machen?" – „Ach, du bist doch erst ein paar hundert Jahre alt", antwortete der Nordstern, „du musst dich noch ein bisschen in Geduld üben. Irgendwann kommt der Zeitpunkt, da darfst du als Sternschnuppe zum Wunscherfüller werden." Karlchen ließ nicht locker: „Lieber Nordstern, wann kommt dieser Zeitpunkt? Wann darf ich endlich einen Wunsch erfüllen?" Der Nordstern seufzte und lächelte dann. „Wann er eine Sternschnuppe werden darf, Karlchen, das weiß kein Stern vorher. Auf der Erde wohnen sehr viele Menschen. Die Menschen haben sehr viele Wünsche. Die Menschen glauben, ihre Wünsche seien Herzenswünsche. Meistens sind sie das nicht. Aber manchmal hat ein Kind einen echten Herzenswunsch. Wenn dieses Kind bei Nacht in den Himmel guckt, dann kann es seinen Stern finden. Einer dieser Sterne bist du. Wenn das Kind seinen Stern gefunden hat, dann spürt der Stern das."

Karlchen hörte ganz gebannt zu. „Wie spürt der Stern das?" –„Dann kribbelt es in dir, dann wird dir ganz wohlig warm. Dann durchströmt dich ein wunderbares, warmes Gefühl. Dann möchtest du hüpfen und tanzen. Dann möchtest du singen und springen. Dann wird das wunderbare Gefühl in dir immer stärker, und du kannst den Herzenswunsch deines Kindes hören. Dann fliegst du los. Dann löst du dich vom Nachthimmel, ziehst durch die Weiten des Universums, dann löst du dich auf und wirst selbst zum Kraftstoff des Wunsches. Und dann findest du deinen Platz im Herzen des Kindes und wohnst dort für immer!"

Karlchen hatte beim Zuhören ganz große Augen bekommen. „Das klingt so wunderbar, lieber Nordstern", sagte Karlchen „ich denke, ein so schönes Gefühl ist es wert, dass man ein wenig darauf wartet." Strahlend, wie jeden Abend, erleuchtete er den Himmel und hoffte, irgendwann von einem Kind gefunden zu werden, um einen Herzenswunsch zu erfüllen.

Gemeinsam singen:
„Leise rieselt der Schnee"

Das wird trainiert:	**musikalisches Gedächtnis, Entspannung, Wissen**
Das wird benötigt:	**auf Wunsch Liedzettel (S. 78)**
Das ist vorzubereiten:	**ggf. Liedtext in ausreichender Anzahl kopieren**

So geht's:

Singen Sie gemeinsam das Lied „Leise rieselt der Schnee".

Kopiervorlage

Leise rieselt der Schnee

1. Leise rieselt der Schnee,
still und starr ruht der See,
weihnachtlich glänzet der Wald:
Freue dich, Christkind kommt bald.

2. In den Herzen ist's warm,
still schweigt Kummer und Harm,
Sorge des Lebens verhallt:
Freue dich, Christkind kommt bald.

3. Bald ist heilige Nacht,
Chor der Engel erwacht,
horch nur, wie lieblich es schallt:
Freue dich, Christkind kommt bald.

Sammlung:
Weihnachtslieder

Das wird trainiert:	**Assoziieren, Worte finden, Wissen**
Das wird benötigt:	**Flipchart, Tafel oder Zettel; Stift oder Kreide**

So geht's:

Die Übungsleitung sammelt gemeinsam mit den Senioren Weihnachtslieder. Selbstverständlich darf das eine oder andere Lied auch gern angestimmt werden.

Lösungsvorschläge:

Alle Jahre wieder; O Tannenbaum; Leise rieselt der Schnee; O du Fröhliche; Stille Nacht; Kommet, ihr Hirten; Ihr Kinderlein, kommet; Stern über Bethlehem; Süßer die Glocken nie klingen; Advent, Advent, ein Lichtlein brennt; Am Weihnachtsbaum die Lichter brennen; Zu Bethlehem geboren; Es ist ein Ros entsprungen; Fröhliche Weihnacht überall; Heiligste Nacht; Ich steh an deiner Krippe hier; In dulci jubilo ...

Arbeitsblatt:
Verschluckte Buchstaben

Das wird trainiert:	**Konzentration, Wissen**
Das wird benötigt:	**Kopien des Arbeitsblatts, ein Stift für jeden Teilnehmer**
Das ist vorzubereiten:	**Arbeitsblatt in ausreichender Anzahl kopieren**

So geht's:

Die Übungsleitung verteilt die Arbeitsblätter und die Stifte und bittet die Teilnehmer, die Aufgabe zu lösen. Die Lösungen werden anschließend vorgelesen und gemeinsam besprochen.

In Gruppen mit ungeübten Teilnehmern werden die Lösungen gemeinsam in der Gruppe gesucht. Die Teilnehmenden können die Lösungen anschließend aufschreiben, wenn sie möchten.

Lösungen:

W_ _HN_CHTSB_UM	→	Weihnachtsbaum
_SS_N	→	Essen
G_S_NG	→	Gesang
B_S_NNL_CH	→	besinnlich
H_RT_N	→	Hirten
_DV_NT	→	Advent
B_SCH_R_NG	→	Bescherung
CHR_STB_ _MK_G_L	→	Christbaumkugel
J_S_F	→	Josef

Kopiervorlage

Was fehlt hier?

Fügen Sie die fehlenden Buchstaben ein.

W _   _ H N _ C H T S B _ U M

_ S S _ N

G _ S _ N G

B _ S _ N N L _ C H

H _ R T _ N

_ D V _ N T

B _ S C H _ R _ N G

C H R _ S T B _   _ M K _ G _ L

J _ S _ F

Stichworträtsel:

Was ist gemeint?

Das wird trainiert: ***Assoziieren, Worte finden, Wissen***

So geht's:

Die Übungsleitung liest die Stichwörter vor, und die Teilnehmer versuchen, ein passendes Bezugswort zu finden.

Lösungsvorschläge:

Vollbart, Anzug, Geschenke, Sack → **Weihnachtsmann**

Vogel, Festmahl, Ofen, Braten → **Weihnachtsgans**

Kirche, Pfarrer, Predigt, Heiligabend → **Weihnachtsgottesdienst**

Geschenke, ausgeben, zusätzlich, Konto → **Weihnachtsgeld**

schlagen, schmücken, Ständer, Tanne → **Weihnachtsbaum**

Päckchen, Schleife, Überraschung, geheim → **Weihnachtsgeschenk**

Stände, Essen, kaufen, Glühwein → **Weihnachtsmarkt**

Noten, singen, Advent, Melodie → **Weihnachtslied**

Himmel, Flügel, weiß, Frohe Botschaft →
Weihnachtsengel

hell, strahlen, Zacken, Himmel →
Weihnachtsstern

Bewegung:

Ein weihnachtliches Bewegungslied

Das wird trainiert:	**musikalisches Gedächtnis, Bewegung, Konzentration**
Das wird benötigt:	**evtl. Liedblätter**
Das ist vorzubereiten:	**evtl. Liedblätter kopieren**

So geht's:

Mit der Melodie des Liedes „O Tannenbaum“ wird das folgende Bewegungslied gesungen. Die Übungsleitung stimmt das Lied an. Die Teilnehmer können leicht mit einstimmen. In jeder Strophe werden die Bewegungen dem Text entsprechend durchgeführt.

In Gruppen mit geübteren Teilnehmern, können im Anschluss noch eigene Ideen für weitere Strophen gesammelt und umgesetzt werden.

O Tannenbaum, o Tannenbaum,
ich stampfe mit den Füßen.
Ich stampfe hier an diesem Tag,
weil ich das Stampfen einfach mag.
O Tannenbaum, o Tannenbaum,
ich stampfe mit den Füßen.

O Tannenbaum, o Tannenbaum,
ich klatsche mit den Händen.
Ich klatsche hier an diesem Tag,
weil ich das Klatschen einfach mag.
O Tannenbaum, o Tannenbaum,
ich klatsche mit den Händen.

O Tannenbaum, o Tannenbaum,
ich schnipse mit den Fingern.
Ich schnipse hier an diesem Tag,
weil ich das Schnipsen einfach mag.
O Tannenbaum, o Tannenbaum,
ich schnipse mit den Fingern.

Arbeitsblatt:

Wortgitter

Das wird trainiert: **Konzentration, Wissen**
Das wird benötigt: **Kopien von Arbeitsblatt A oder B, ein Stift für jeden Teilnehmer**
Das ist vorzubereiten: **Arbeitsblatt A oder B in ausreichender Anzahl kopieren**

So geht's:

Für Gruppen mit geübteren Teilnehmern kopiert die Übungsleitung Arbeitsblatt A. Kopien und Stifte werden verteilt. Die Übungsleitung bittet die Teilnehmer, die Aufgabe zu lösen und die gefundenen Wörter mit dem Stift zu markieren. Die Lösungen werden anschließend vorgelesen und gemeinsam besprochen.

Für Gruppen mit ungeübten Teilnehmern nutzen Sie die leichtere Version B des Arbeitblattes (siehe Seite 88). Zusammen suchen die Teilnehmer die vorgegebenen Wörter. Wer möchte, kann sie auf seinem Blatt mit dem Stift markieren.

Kopiervorlage

A. Finden Sie die folgenden Wörter in dem Wortgitter:

Messe • Maria • Stern • Kirche • Geburt • Jesus

Lesen Sie waagerecht → oder senkrecht ↓.

W	F	G	H	J	K	L	L	M	E
G	E	R	M	A	R	T	H	A	S
Q	W	E	S	D	F	E	G	D	S
A	G	E	R	O	G	H	K	L	A
S	E	F	T	P	K	E	B	M	E
D	B	M	A	R	I	A	O	M	H
H	U	G	P	M	R	E	P	E	J
J	R	H	O	N	C	R	O	S	E
K	T	J	M	B	H	T	I	S	S
L	O	D	N	V	E	Z	U	E	S
S	D	F	I	R	C	G	H	A	E
E	S	T	H	K	K	I	R	S	T
J	T	G	J	E	S	U	S	D	E
O	S	D	G	F	M	N	Y	F	R
P	A	J	H	S	T	E	R	N	N
P	O	I	G	H	L	B	X	G	H
A	S	D	F	J	K	V	C	L	K

Kopiervorlage

B. Finden Sie folgende Wörter in dem Wortgitter:

Stern • Krippe • Jesus • Kirche

Lesen Sie waagerecht → oder senkrecht ↓.

K	R	I	P	P	E
I	D	F	J	G	H
R	S	T	E	R	N
C	S	Z	S	U	I
H	P	W	U	E	R
E	T	Z	S	I	O

Notizen

Durcheinandergeraten:

Die Weihnachtsgeschichte

Das wird trainiert:	**Urteilen, Wissen, Konzentrieren**
Das wird benötigt:	**Kopien der Textkarten (S. 91)**
Das ist vorzubereiten:	**Textkarten kopieren und ausschneiden, für den mehrfachen Gebrauch evtl. laminieren**

So geht's:

Die Textkarten mischen und auf dem Tisch verteilen. Die Teilnehmer versuchen, sie in die richtige Reihenfolge zu bringen, sodass die Weihnachtsgeschichte daraus entsteht.

Kopiervorlage

Kaiser Augustus erlässt ein Gebot zur Volkszählung.
Josef macht sich mit Maria auf den Weg nach Bethlehem.
Josef und Maria finden keine Herberge in Bethlehem.
Josef und Maria finden einen Stall, in dem sie übernachten können.
Jesus wird geboren.
Maria wickelt Jesus in Windeln und legt ihn in eine Krippe.
Der Engel verkündet die Frohe Botschaft.
Die Hirten kommen zur Krippe.

Geschichte:

Kinder von heute

Das wird trainiert: **Entspannung**

So geht's:

Die Übungsleitung liest die Geschichte langsam vor.

Kinder von heute

Lieselotte hatte für ihre vierjährige Enkelin Anna einen großen rosafarbenen Bastelkoffer mit allerlei Tonkarton, Scheren, Stiften und Klebstoff für Weihnachten gekauft. Am ersten Weihnachtstag würde Anna sie besuchen. Lieselotte hatte lange darüber nachgedacht, ob sie für den Besuch der Enkelin einen Weihnachtsbaum und eine Krippe aufstellen sollte. In diesem Jahr hatte sie die Wohnung für sich selbst nicht weihnachtlich dekoriert. Und so sollte es jetzt bleiben. Den Kindern von heute war doch so was gar nicht wichtig. Den Kindern ging es doch heutzutage nur um Geschenke – na, und vielleicht ein bisschen um die Weihnachtsplätzchen. Plätzchen hatte sie natürlich gebacken.

Als Anna kam, hatte sie tatsächlich zuerst nur Augen für ihr Geschenk. „Schau mal, Oma", sagte sie, „was da für tolle Bastelsachen drin sind!" Da Anna sich freute, freute sich Lieselotte auch. Aber dann schaute sich Anna mit leicht entsetztem Blick um. „Oma, wo ist denn dein Weihnachtsbaum?"

„Ach, schau, Kind, ich bin hier doch ganz allein. Da brauche ich gar keinen Weihnachtsbaum!", antwortete Lieselotte. Anna schaute skeptisch. „Das geht doch nicht Oma! Ich habe da eine Idee!" Anna kramte den grünen Tonkarton aus dem Bastelkoffer und holte einen von Lieselottes Besen aus der Abstellkammer. Dann wurde gebastelt. Der Besenstiel musste als Stamm für einen Weihnachtsbaum herhalten. Aus Tonkarton wurden Äste und Schmuck gebastelt. Sogar eine kleine Krippe schnitt und klebte Anna zusammen.

Als sie fertig war, strahlte Anna über beide Backen „So, Oma, jetzt sieht es hier doch richtig weihnachtlich aus." Lieselotte strahlte auch. „Ja, Anna, richtig schön weihnachtlich!", sagte sie und wischte sich eine Träne der Rührung aus dem Augenwinkel.

Gemeinsam singen:

„Mein Hut, der hat drei Ecken“

Das wird trainiert: ***musikalisches Gedächtnis, Entspannung, Konzentration***

So geht's:

Singen Sie gemeinsam das Lied „Mein Hut, der hat drei Ecken“.

Mein Hut, der hat drei Ecken,
drei Ecken hat mein Hut.
Und hätt er nicht drei Ecken,
so wär er nicht mein Hut!

Mit geübteren Gruppen können Sie bei der Wiederholung nach und nach einzelne Wörter weglassen und durch Gesten ersetzen. Zum Beispiel:

„mein“ → mit dem Finger auf sich selbst zeigen
„Hut“ → sich an den Kopf fassen
„drei“ → drei Finger hoch halten
„Ecken“ → Dreieck in die Luft malen
„nicht“ → mit dem Kopf schütteln

Sammlung:
Faschingskostüme

Das wird trainiert:	***Assoziieren, Worte finden, Wissen***
Das wird benötigt:	***Flipchart, Tafel oder Zettel; Stift oder Kreide***

So geht's:

Die Übungsleitung sammelt gemeinsam mit den Senioren Ideen für mögliche Faschingskostüme. Die Übungsleitung notiert die Ideen auf Flip-Chart, Tafel oder Zettel.

Lösungsvorschläge:

Pirat, Prinzessin, Löwe, Tiger, Katze, Bär, Kuh, Cowboy, Sheriff, Ballerina, Arzt, Schornsteinfeger, Clown, Gärtner, Matrose, Zauberer, Vampir, Hexe, Fee, Burgfräulein, ...

Notizen

Arbeitsblatt:

Karnevalswörter

Das wird trainiert:	**Konzentration, Wissen**
Das wird benötigt:	**Kopien des Arbeitsblatts, ein Stift für jeden Teilnehmer**
Das ist vorzubereiten:	**Arbeitsblatt in ausreichender Anzahl kopieren**

So geht's:

Die Übungsleitung verteilt die Arbeitsblätter und die Stifte und bittet die Teilnehmer, die Aufgabe zu lösen. Die Lösungswörter werden anschließend vorgelesen und gemeinsam besprochen.

In Gruppen mit ungeübten Teilnehmern wird die Lösung im Plenum besprochen. Die Teilnehmenden können die Lösungen danach aufschreiben, wenn sie möchten.

Lösungen von oben nach unten:

Karnevalskostüm, Karnevalswagen, Straßenkarneval, Karnevalszeit, Karnevalslied, Kinderkarneval

Kopiervorlage

Suchen Sie passende Wörter mit „Karneval". Schreiben Sie die Wörter in die freien Kästchen.

Gegen-SÄTZE bilden

Das wird trainiert: ***in Worte fassen, Worte finden, Wissen***

So geht's:

Hier ist jeweils das Gegenteil gefragt. Die Übungsleitung liest den ersten Satz und die dazugehörige Frage vor. Die Teilnehmer nennen die Lösung in einem ganzen Satz.

In Gruppen mit ungeübten Teilnehmern kann die Übungsleitung das genannte Adjektiv noch einmal einzeln aufgreifen und nach dem Gegenteil fragen, etwa: „Die Prinzessin ist nicht *böse*, sondern: ..."

Benötigen die Teilnehmer weitere Hilfestellung, gibt die Übungsleitung zwei alternative Lösungen vor. Beispiel: Ist das Gegenteil von böse *schlau* oder *lieb*?

Lösungsvorschläge:

1. Der Pirat ist böse. Wie ist die Prinzessin? →
   Die Prinzessin ist lieb.

2. Die Bowle ist flüssig. Wie sind die Chips? →
   Die Chips sind fest.

3. Das Bonbon ist klein. Wie ist der Karnevalswagen? →
   Der Karnevalswagen ist groß.

4. Das Igelkostüm ist stachelig. Wie ist das Bärenkostüm? →
   Das Bärenkostüm ist weich.

5. Das Schornsteinfegerkostüm ist schwarz. Wie ist das Engelskostüm? →
   Das Engelskostüm ist weiß.

6. Das Kinderkostüm ist klein. Wie ist das Herrenkostüm? →
   Das Herrenkostüm ist groß.

7. Der Narr ist betrunken. Wie ist der Polizist? →
   Der Polizist ist nüchtern.

8. Das Kostüm für feine Damen ist einfarbig. Wie ist das Karnevalskostüm? →
   Das Karnevalskostüm ist bunt.

9. Die Büttenrede ist lang. Wie ist der Tusch? →
   Der Tusch ist kurz.

10. Die Luftschlangen sind dünn. Wie ist die Clownsnase? →
    Die Clownsnase ist dick.

Bewegung:

Bewegtes Buchstabieren

Das wird trainiert:	**Bewegung, Konzentrieren**
Das wird benötigt:	**Flip-Chart, Tafel oder Zettel; Stift oder Kreide**

So geht's:

Die Gruppe beschließt gemeinsam jeweils eine Bewegung für jeden Buchstaben des Wortes Karneval. Die Übungsleitung schreibt die Bewegungen auf.

Beispiele:

K – mit beiden Fingern schnipsen
A – in die Hände klatschen
R – mit dem rechten Fuß stampfen
N – mit dem linken Fuß stampfen
E – auf die Oberschenkel patschen
V – über Kreuz auf die Oberschenkel patschen
A – in die Hände klatschen
L – seitlich an die Oberschenkel patschen

Im Anschluss buchstabiert die Gruppe das Wort mehrfach langsam im Chor und führt dazu die passenden Bewegungen durch.

Arbeitsblatt:

Buchstabensalat

Das wird trainiert:	**Konzentration, Wissen**
Das wird benötigt:	**Kopien des Arbeitsblatts, ein Stift für jeden Teilnehmer**
Das ist vorzubereiten:	**Arbeitsblatt in ausreichender Anzahl kopieren**

So geht's:

Die Übungsleitung verteilt die Arbeitsblätter und die Stifte und bittet die Teilnehmer, die Aufgabe zu lösen. Die Lösungen werden anschließend vorgelesen und gemeinsam besprochen.

In Gruppen mit ungeübten Teilnehmern suchen die Senioren gemeinsam die Lösungen. Auf Wunsch können sie die Lösungen anschließend aufschreiben.

Lösungen:

Konfetti

Pirat

Hut

Pappnase

Kostüm

Bonbons

Kopiervorlage

Hier wurden die Buchstaben durcheinandergewürfelt. Bringen Sie die Buchstaben in eine sinnvolle Reihenfolge! Die Wörter erinnern an den Karneval.

T T I K N O F E – ______________________

A P I T R – ______________________

U H T – ______________________

P P P N A A S – ______________________

Ü M O K S T – ______________________

N O N B O B S – ______________________

Informationen merken:

Das Prinzenpaar

Das wird trainiert:	**Merkfähigkeit, Konzentration**
Das wird benötigt:	**für ungeübte Teilnehmer Kopien des Infotextes**
Das ist vorzubereiten:	**ggf. Infotext in ausreichender Anzahl kopieren**

So geht's:

Die Übungsleitung liest den Teilnehmenden folgenden Text vor und stellt im Anschluss die untenstehenden Fragen.

Für Gruppen mit ungeübten Teilnehmern verteilt die Übungsleitung die Kopien des Informationstextes und liest diesen laut vor. Die Antworten auf die Fragen können die Teilnehmer aus dem Text heraussuchen.

Kopiervorlage

Informationstext

Der Karnevalsverein der Stadt Husinghausen kürte im Jahr 1962 zum ersten Mal ein Prinzenpaar. Margarete und Heinz hießen die beiden Hoheiten.

Das Prinzenpaar wurde auf dem Platz vor dem Bürgerhaus gekrönt. Die Krone des Prinzen war mit blauen Edelsteinen besetzt, die Krone der Prinzessin war mit gelben Edelsteinen geschmückt.

Prinz und Prinzessin lernten sich lieben und heirateten Jahre später – 1965. Darauf ist der Karnevalsverein noch heute stolz.

Fragen:

Wie heißt die Stadt, aus der der Karnevalsverein kommt?

Wann kürte der Karnevalsverein zum ersten Mal ein Prinzenpaar?

Wie hießen die beiden Hoheiten?

Vor welchem Haus wurde das Prinzenpaar gekrönt?

Welche Farbe hatten die Edelsteine auf der Krone des Prinzen?

Welche Farbe hatten die Edelsteine auf der Krone der Prinzessin?

Wann heirateten die beiden?

Geschichte:
Günther, der Clown

Das wird trainiert: ***Entspannung***

So geht's:

Die Übungsleitung liest die Geschichte langsam vor.

Günther, der Clown

Günther stand ratlos vor dem Regal mit den Faschingskostümen. Es war alles leergekauft. Wirklich alles. Das einzige Kostüm, das noch einsam an einem Bügel hing, war das für eine Ballerina. Als Ballerina wollte Günther aber wirklich nicht zur Karnevalsfeier seines Bruders gehen. Eigentlich mochte er Karneval gar nicht besonders. Seinen Bruder sitzen lassen kam aber auch nicht infrage. Dieser hatte ihm deutlich gesagt, dass er verkleidet kommen musste. Und jetzt? Was sollte er machen? Er betrachtete noch einmal das Ballerina-Kostüm, aber selbst, wenn er es gewollt hätte: Es hatte die falsche Größe.

Er fuhr also ohne Kostüm wieder nach Hause und stand wenig später ratlos vor seinem Kleiderschrank. Da er allein nicht weiterkam, rief er seine Frau. „Iiiinge-eee, hilf mir mal!“ Er erzählte Inge von seinem Dilemma. „Ach! Ein Clown geht doch immer, dafür brauchst du kein extra Kostüm!“ Günther schaute ein bisschen pikiert „Wieso? Sehe ich etwa aus wie ein Clown?“

Inge ignorierte Günthers Gesichtsausdruck und lachte gut gelaunt: „Gleich schon.“ Sie gab Günther als Erstes ein weißes Hemd. „Aber das ist doch nicht lustig“, empörte sich dieser. „Zieh es einfach an und schau hinterher!“, meinte Inge und rollte mit den Augen. Dann nahm Inge eine lange gestreifte Unterhose aus Klaus’ Schrank und eine weite kurze Hose. „Zieh die kurze Hose über die lange Unterhose“, wies sie Klaus an. Klaus gehorchte.

Als Nächstes musste er eine Anzugweste, die Inge zuvor auf links gedreht hatte, über das Hemd ziehen und eine viel zu große Fliege, die Inge schnell aus buntem Papier gebastelt hatte, mit einer Sicherheitsnadel an den Kragen stecken. Zum Abschluss malte Inge Klaus mit ihrem Lippenstift zwei Herzchen auf die Wangen – und natürlich eine rote Nase. „Na, wenn das nicht lustig ist, dann weiß ich auch nicht …!“, sagte sie, als sie ihr Werk in Gänze betrachtete.

Klaus sah nun auch das erste Mal in den Spiegel … und musste laut prusten: „Stimmt, so kann ich zur Karnevalsfeier gehen! Und Geld gespart haben wir auch noch!“